# Mano mėgstamiausi Fraktalai
## 1 tomas
### parašė David E. McAdams

Šios knygos vaizdai buvo sukurti naudojant Fractal Forge. Fractal Forge galima atsisiųsti iš https://sourceforge.net/projects/fractalforge/.

Copyright 2021, Life is a Story Problem, LLC. Visos teisės saugomos. Jokia šio dokumento dalis negali būti kopijuojama, atkuriama ar saugoma jokiu būdu be aiškaus rašytinio autorių teisių savininko sutikimo.

# Kitos David E. McAdams knygos

**Spalvos papūgos** – Įvadas į spalvų sampratą. Ikimokyklinio amžiaus vaikams.
**Gėlių spalvos** – Įvadas į spalvų sampratą. Ikimokyklinio amžiaus vaikams.
**Kosmoso spalvos** – Įvadas į spalvų sampratą. Ikimokyklinio amžiaus vaikams.
**Formos** – Įvadas į formas. Ikimokyklinio amžiaus vaikams.
**Numbers** – (Angliškai) Įvadas į skaičių sąvoką. K-2 klasėms.
**What is Bigger Than Anything? (Infinity)** – (Angliškai) Įvadas į begalybės sąvoką. 3-6 klasėms.
**Swing sets (Sets)** – (Angliškai) Įvadas į aibių teoriją. 2-4 klasėms..
**One Penny, Two** – (Angliškai) Jei Sigo centas padvigubėja kiekvieną dieną, kiek laiko jis gali nusipirkti tamsiai žalią sportinį automobilį? 3-6 klasėms.
**Learning With Money Activity Kit** – (Angliškai) Mokykite didelių skaičių ir skaičiavimo su daugiau nei 1 000 000 USD žaidimo pinigų.
**Mano mėgstamiausi Fraktalai** (1, 2 tomas) – Įstabių fraktalinių paveikslėlių knygos pateikiamos kaip didelės raiškos vaizdai. Visiems amžiams.
**All Math Words Dictionary** – (Angliškai) Matematikos žodynas, skirtas priešalgebros, algebros, geometrijos ir skaičiavimo studentams.
**The First Million Digits of Pi** – (Angliškai) Pirmasis milijonas pi skaitmenų. Visiems amžiams.
**The First Million Digits of e** – (Angliškai) Pirmieji milijonai Eulerio konstantos skaitmenų e. Visiems amžiams.
**The Square Root of 2 to One Million Digits** – (Angliškai) Pirmasis milijonas kvadratinės šaknies iš 2 skaitmenų. Visiems amžiams.
**The First Hundred Thousand Prime Numbers** – (Angliškai) Pirmieji šimtas tūkstančių pirminių skaičių. Visiems amžiams.
**Orders of Ten** – (Angliškai) Knyga, kurioje dešimties galios iliustruojamos kaip taškai (1, 10, 100, … taškai). 10-15 metų amžiaus.
**Geometric Nets Project Book** – (Angliškai) 80 geometrinių tinklelių, kuriuos galima nukopijuoti, iškirpti ir suklijuoti į 3 matmenis. 9 metų ir vyresniems.
**Geometric Nets Mega Project Book** – (Angliškai) 253 geometriniai tinklai, skirti kopijuoti, iškirpti ir suklijuoti į 3 matmenis daugiakampius. 9 metų ir vyresniems.

Norėdami gauti naujausią sąrašą, žr. https:\\www.DEMcAdams.com.

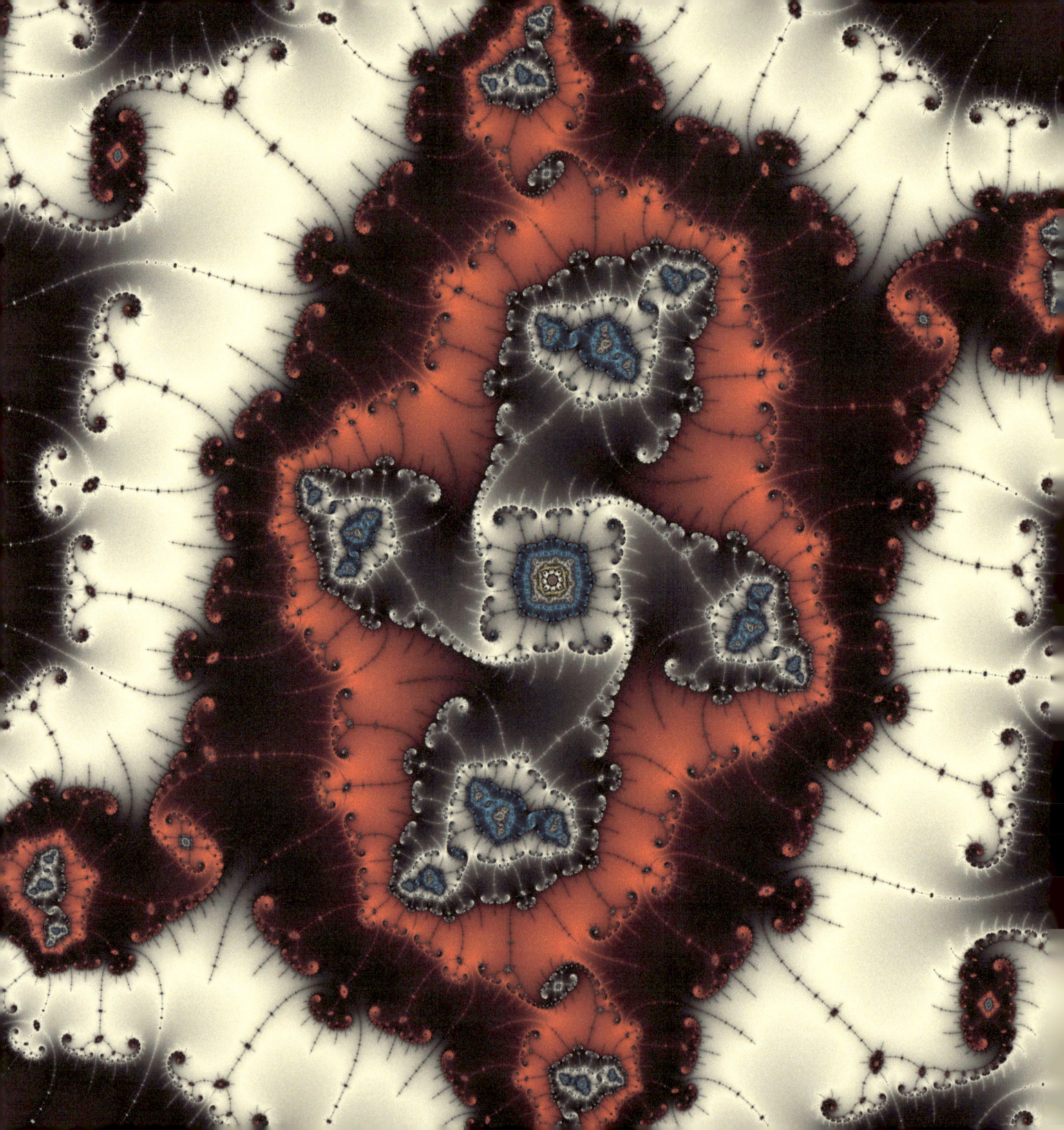

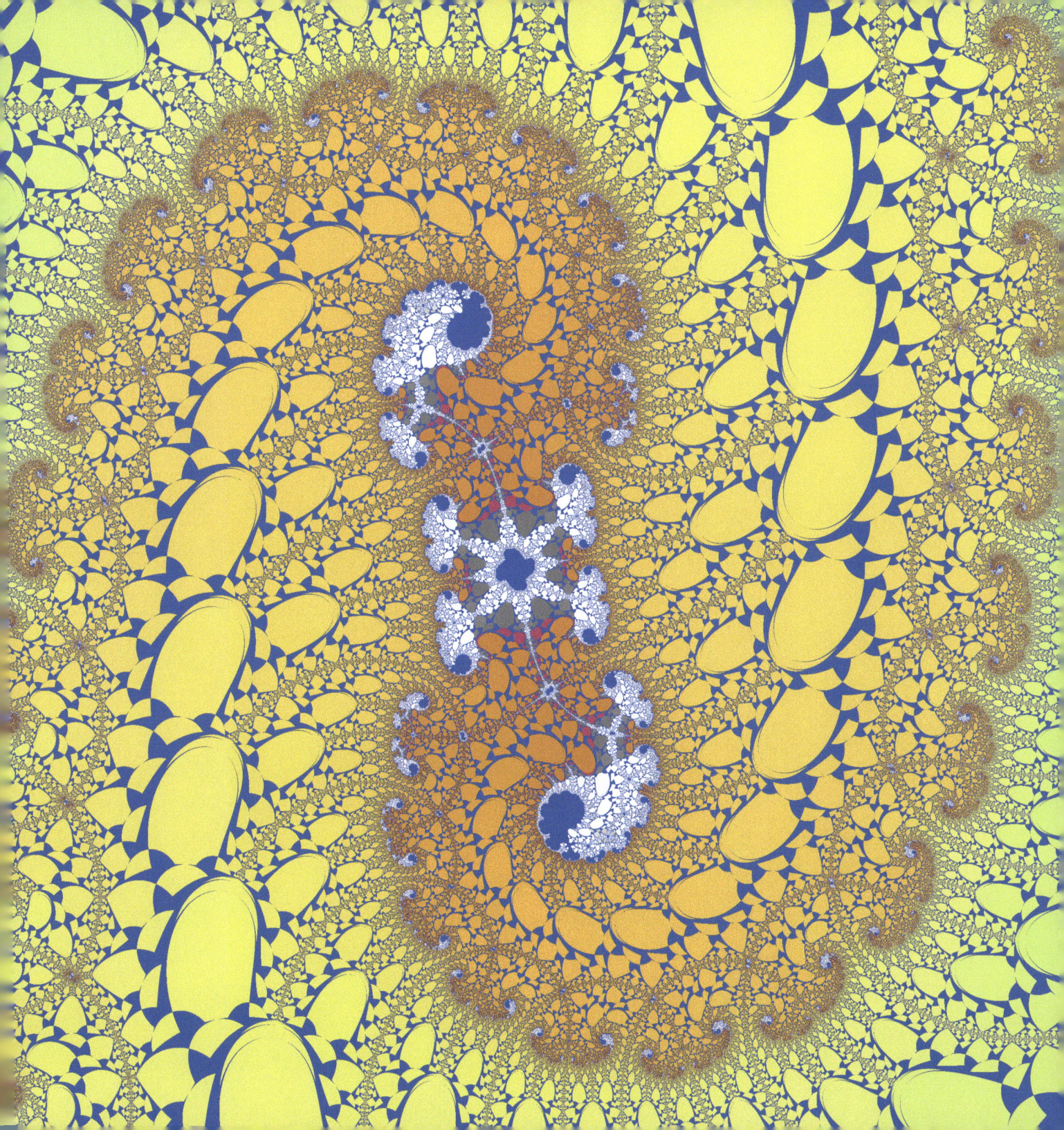

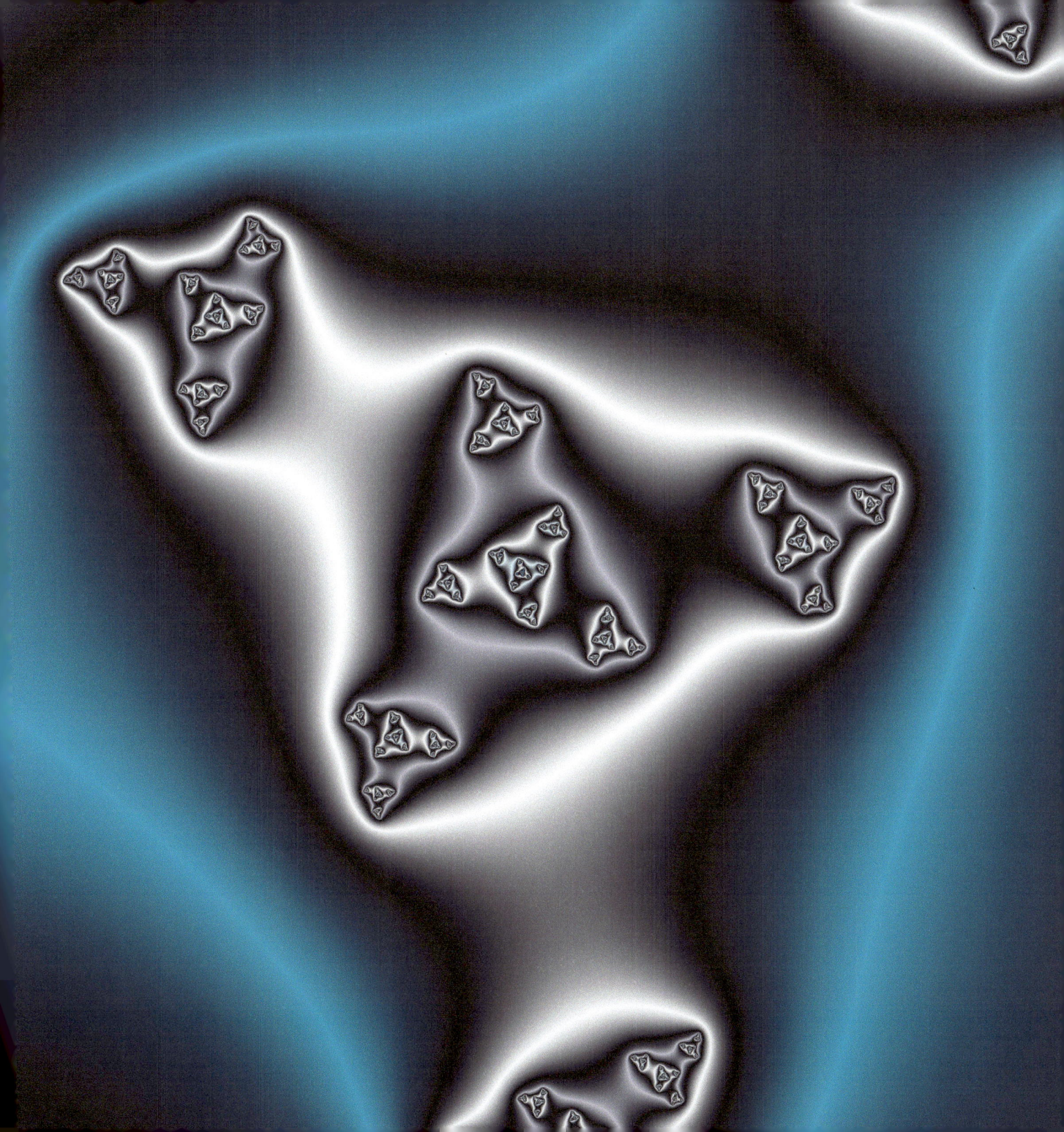

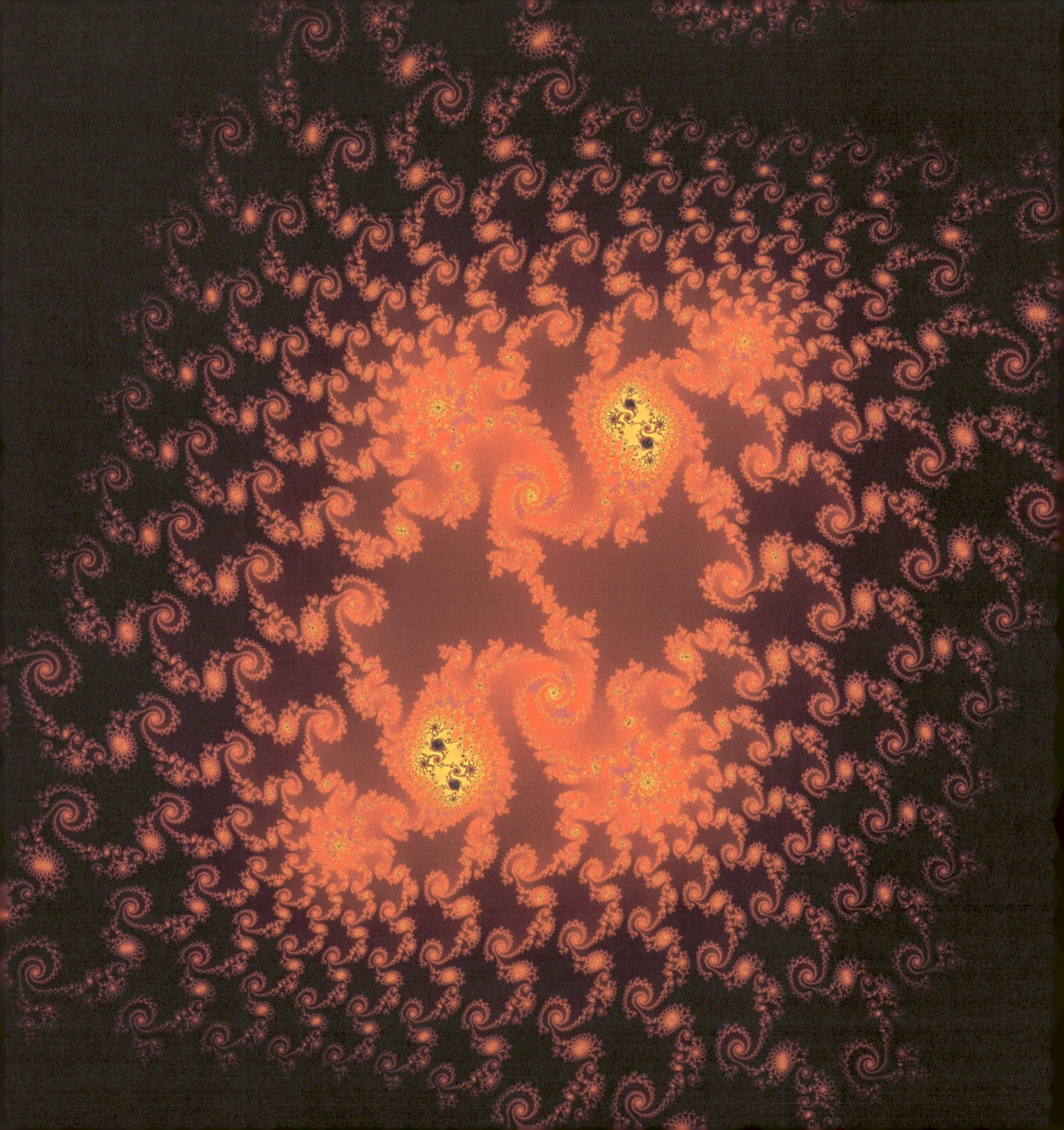

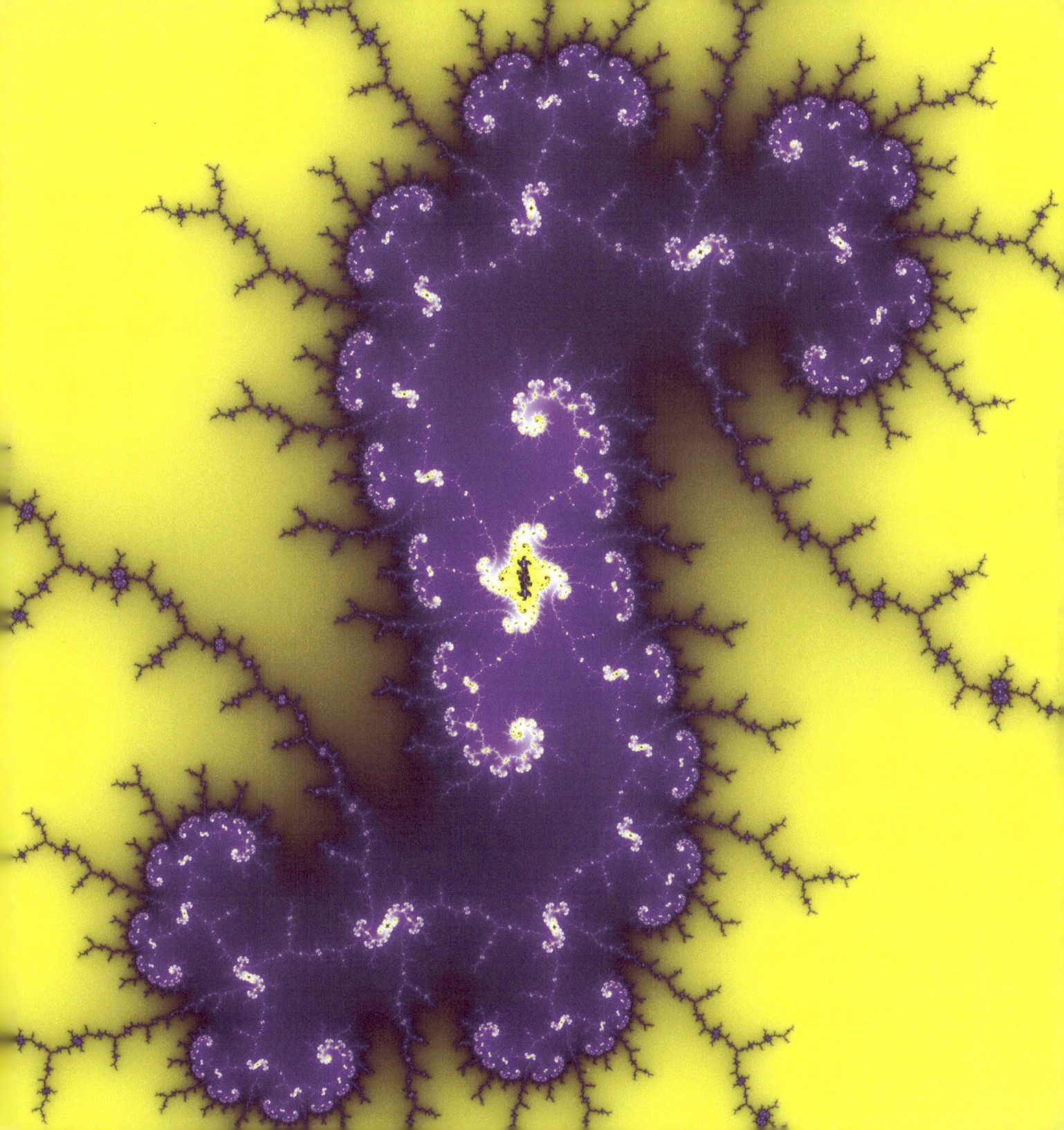

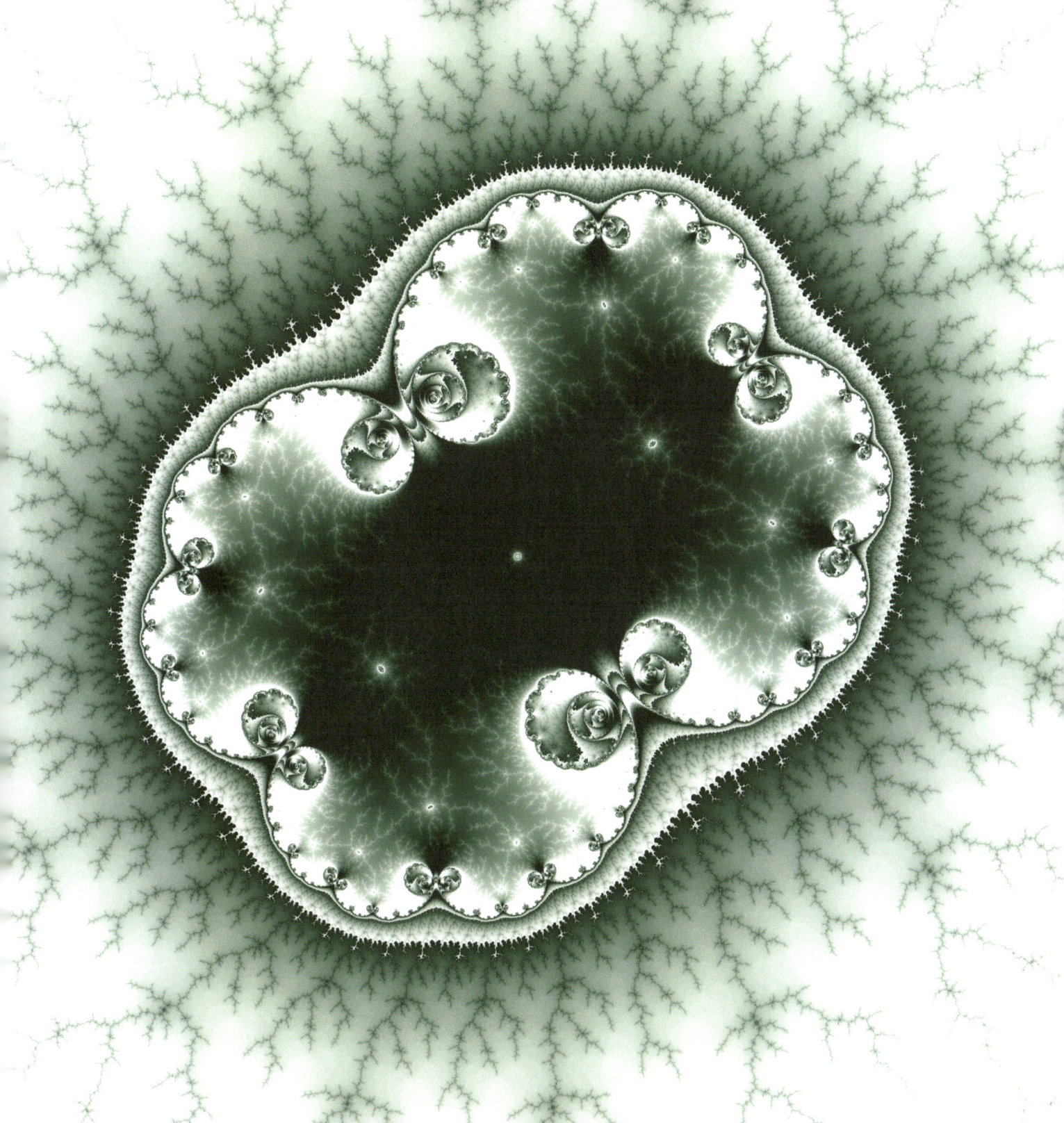

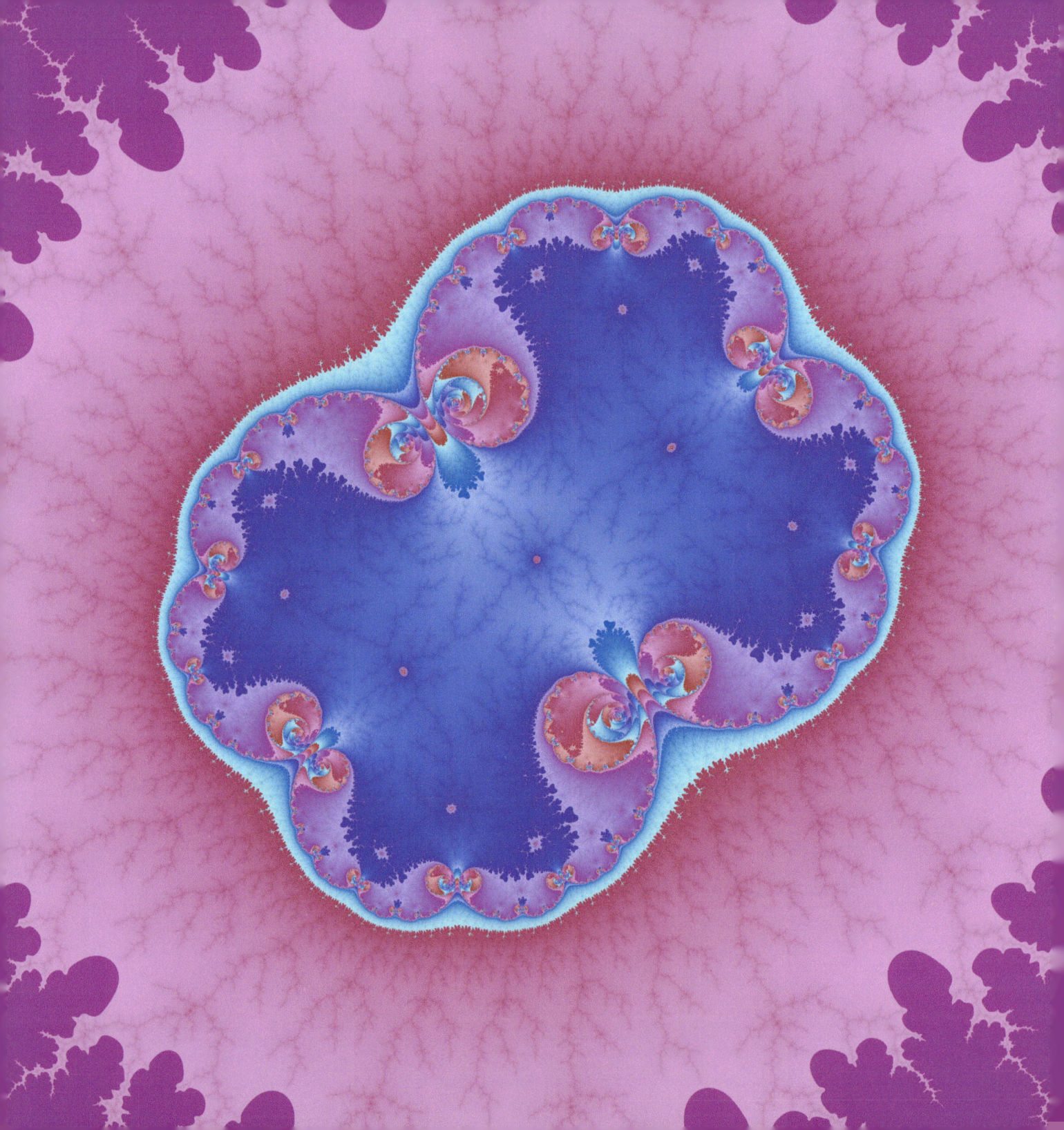

www.ingramcontent.com/pod-product-compliance
Lightning Source LLC
Chambersburg PA
CBHW041529070526
44586CB00002B/19